Impressum
Verlag: BABADADA GmbH, Nedderfeld 112 , 22529 Hamburg
Geschäftsführer / Verlagsleitung: Harald Hof
Druck: Books on Demand GmbH, In de Tarpen 42, 22848 Norderstedt

Imprint
Publisher: BABADADA GmbH, Nedderfeld 112 , 22529 Hamburg, Germany
Managing Director / Publishing direction: Harald Hof
Print: Books on Demand GmbH, In de Tarpen 42, 22848 Norderstedt

դպրոց
el colegio

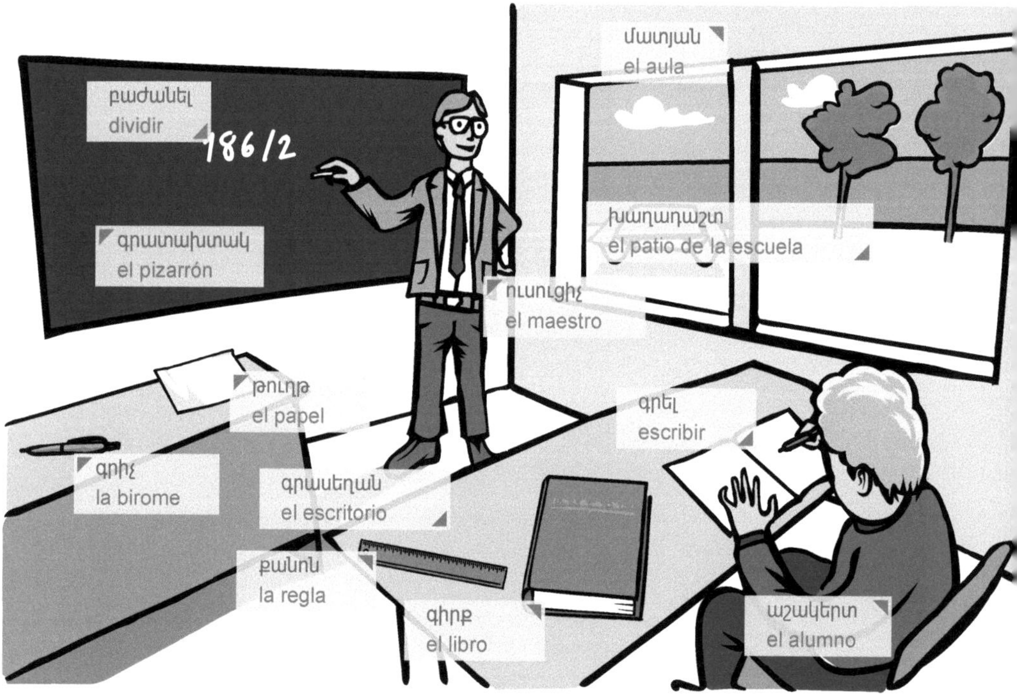

մատյան
el aula
բաժանել
dividir
186/2
գրատախտակ
el pizarrón
խաղադաշտ
el patio de la escuela
ուսուցիչ
el maestro
թուղթ
el papel
գրել
escribir
գրիչ
la birome
գրասեղան
el escritorio
քանոն
la regla
գիրք
el libro
աշակերտ
el alumno

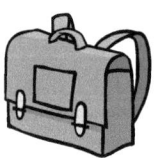

պայուսակ
la mochila

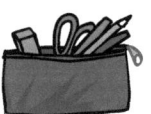

գրչատուփ
la caja de lápices

մատիտ
el lápiz

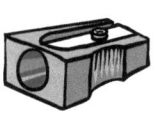

մատիտի սրիչ
el sacapuntas

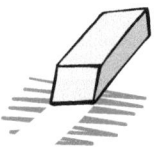

ռետին
la goma (de borrar)

նկարչական ալբոմ
el bloc de dibujo

Նկարչություն

el dibujo

վրձին

el pincel

ներկերի տուփ

la caja de pinturas

մկրատ

la tijera

սոսինձ

el pegamento

տետր

el cuaderno de ejercicios

Տնային աշխատանք

la tarea

12

թիվ

el número

2+2

գումարել

sumar

5-2

հանել

restar

2×2

բազմապատկել

multiplicar

հաշվել

calcular

A

տառ

la letra

ABCDEFG HIJKLMN OPQRSTU VWXYZ

այբուբեն

el abecedario

hello

բառ

la palabra

տեքստ

el texto

կարդալ

leer

կավիճ

la tiza

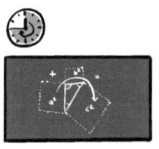

դաս

la lección

մատյան

el cuaderno de clase

քննություն

el examen

վկայական

el certificado

դպրոցական համազգեստ

el uniforme escolar

կրթություն

la educación

հանրագիտարան

la enciclopedia

համալսարան

la universidad

մանրադիտակ

el microscopio

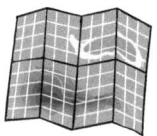

քարտեզ

el mapa

աղբարկղ

el tacho (de basura)

ճանապարհորդություն
el viaje

հյուրանոց
el hotel
Grand
հանրակացարա
ն
el hostel
ROOMS
փոխանակման կետ
la casa de cambio
EXCHANGE
ճամպրուկ
la valija
ավտոմեքենա
el auto

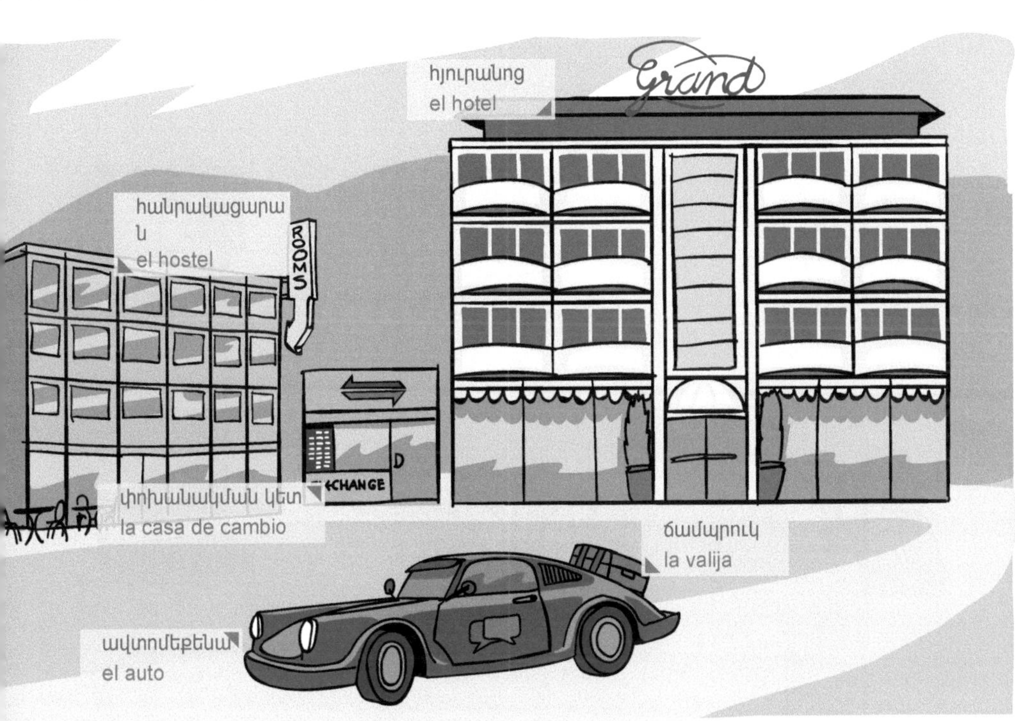

լեզու

el idioma

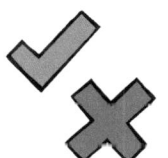

այո / ոչ

sí / no

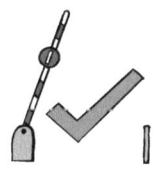

Լավ

Está bien

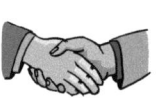

ողջույն

hola

թարգմանիչ

el traductor

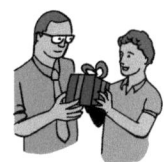

Շնորհակալություն

Gracias

Որքա՞ն է ...?

¿cuánto cuesta...?

Ես չեմ հասկանում

No entiendo

խնդիր

el problema

Բարի երեկո

¡Buenas tardes!

Բարի լույս

¡Buenos días!

Բարի երեկո

¡Buenas noches!

ցտեսություն

el adiós

ուղղություն

la dirección

ուղտերեռ

el equipaje

պայուսակ

el bolso

մեջքի պայուսակ

la mochila

հյուր

el invitado

սենյակ

la habitación

քնապարկ

la bolsa de dormir

վրան

la carpa

Զբոսաշրջության
տեղեկատվական
la información turística

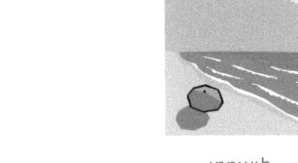

լողափ
la playa

ԿՐԵԴԻՏ քարտ
la tarjeta de crédito

նախաճաշ
el desayuno

լանչ
el almuerzo

ճաշ
la cena

տոմս
el pasaje

վերելակ
el ascensor

կնիք
el sello

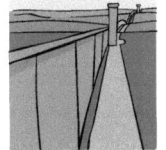

սահման
la frontera

մաքսային
la aduana

դեսպանություն
la embajada

մուտքի արտոնագիր
la visa

անձնագիր
el pasaporte

Փոխադրամիջոցներ

el transporte

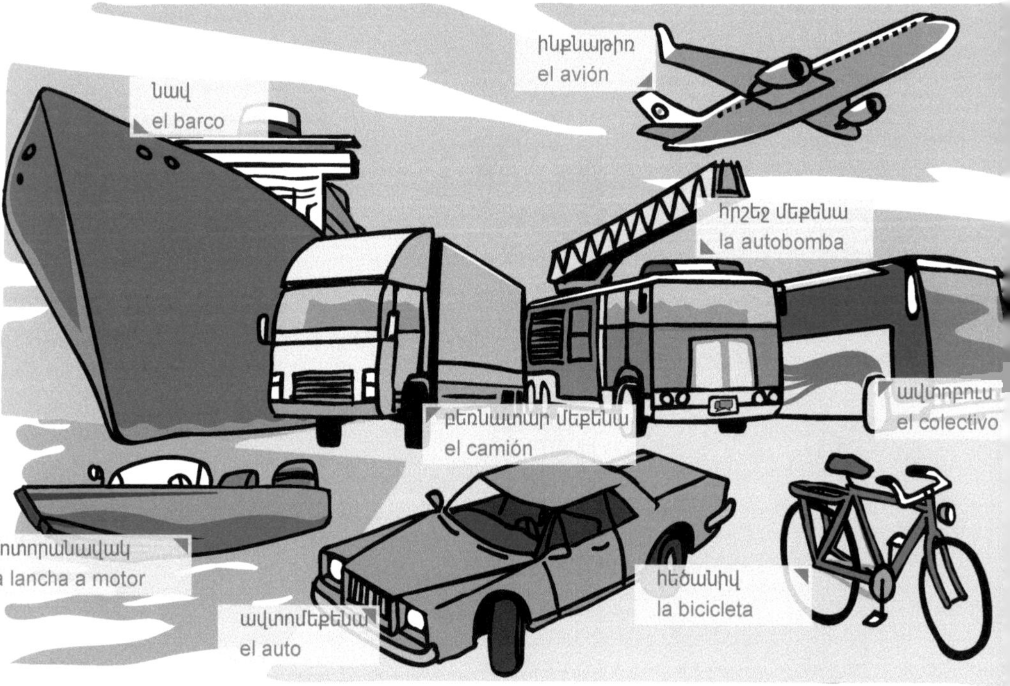

նավ
el barco
ինքնաթիռ
el avión
հրշեջ մեքենա
la autobomba
ավտոբուս
el colectivo
բեռնատար մեքենա
el camión
մոտորանավակ
la lancha a motor
ավտոմեքենա
el auto
հեծանիվ
la bicicleta

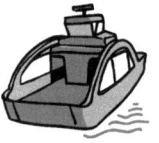

լաստանավ

el ferry

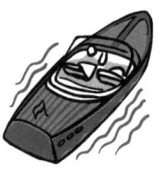

նավակ

el bote

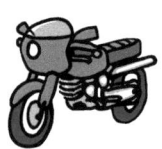

մոտոցիկլ

la moto

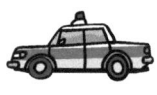

ոստիկանության մեքենա

el patrullero

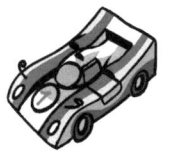

մրցարշավային մեքենա

el auto de carreras

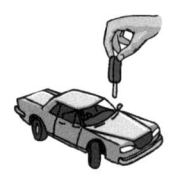

վարձակալվող մեքենա

el auto de alquiler

Եթենայի վարձակալում
....
el alquiler de autos

Էվակուատոր
....
la grúa

աղբահանության մեքենա
....
el camión de la basura

շարժիչ
....
el motor

վառելիք
....
la nafta

բենզալցակայան
....
la estación de servicio

երթեկնության նշան
....
la señal de tránsito

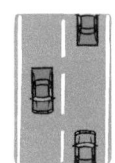

երթեկնություն
....
el tránsito

խցանում
....
el embotellamiento

ավտոկանգառ
....
el estacionamiento

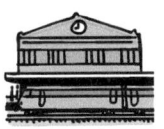

երկաթուղային կայարան
....
la estación de tren

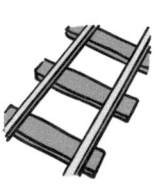

երկաթուղագիծ
....
las vías

գնացք
....
el tren

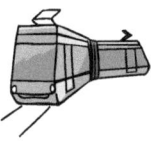

տրամվայ
....
el tranvía

վագոն
....
el vagón

ուղղաթիռ

el helicóptero

օդանավակայան

el aeropuerto

աշտարակ

la torre

ուղևոր

el pasajero

աման

el contenedor

խավաքարտ

la caja de cartón

սայլ

la carretilla

զամբյուղ

la canasta

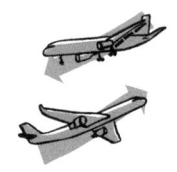

հանել / հողատարածք

despegar / aterrizar

քաղաք
la ciudad

գյուղ

el pueblo

քաղաքի կենտրոնում

el centro de la ciudad

տուն

la casa

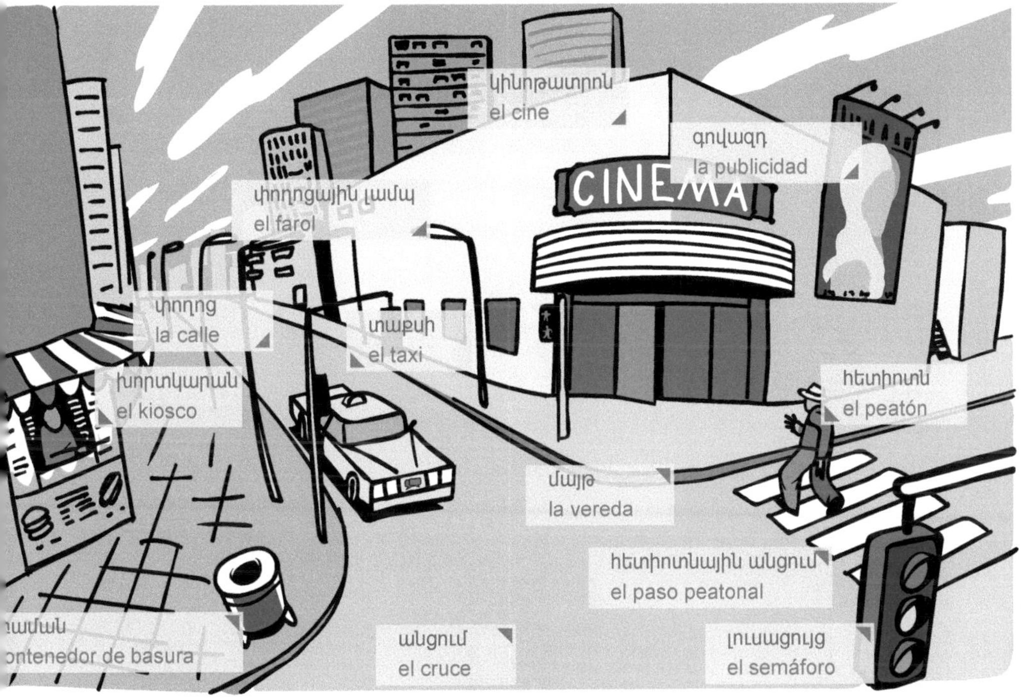

կինոթատրոն
el cine

գովազդ
la publicidad

փողոցային լամպ
el farol

փողոց
la calle

տաքսի
el taxi

խորտկարան
el kiosco

հետիոտն
el peatón

մայթ
la vereda

հետիոտնային անցում
el paso peatonal

անցում
el cruce

լուսացույց
el semáforo

...աման
ontenedor de basura

խրճիթ
la cabaña

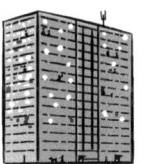

բնակարան
el departamento

երկաթուղային կայարան
la estación de tren

քաղաքապետարան
la municipalidad

թանգարան
el museo

դպրոց
el colegio

համալսարան

la universidad

բանկ

el banco

հիվանդանոց

el hospital

հյուրանոց

el hotel

դեղատուն

la farmacia

գրասենյակ

la oficina

գրքույկ խանութ

la librería

խանութ

el negocio

Ծաղկի խանութ

la florería

սուպերմարկետ

el supermercado

շուկա

el mercado

հանրախանութ

las grandes tiendas

ձկան խանութ

la pescadería

առևտրի կենտրոն

el centro comercial

նավահանգիստ

el puerto

գրոսայգի

el parque

բանկերը

el banco

կամուրջ

el puente

աստիճաններ

las escaleras

մետրո

el subte

թունել

el túnel

ավտոբուսի կանգառ

la parada del colectivo

բար

el bar

ռեստորան

el restaurante

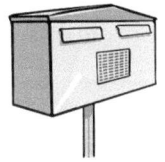

փոստարկղ

el buzón

փողոցային նշան

el letrero

ավտոկայանման հաշվիչ

el parquímetro

կենդանաբանական այգի

el zoológico

լողավազան

la pileta

մզկիթ

la mezquita

ֆերմա
la granja

աղտոտման
la contaminación

գերեզմանոց
el cementerio

եկեղեցի
la iglesia

խաղահրապարակ
los juegos infantiles

տաճար
el templo

բնապատկեր

el paisaje

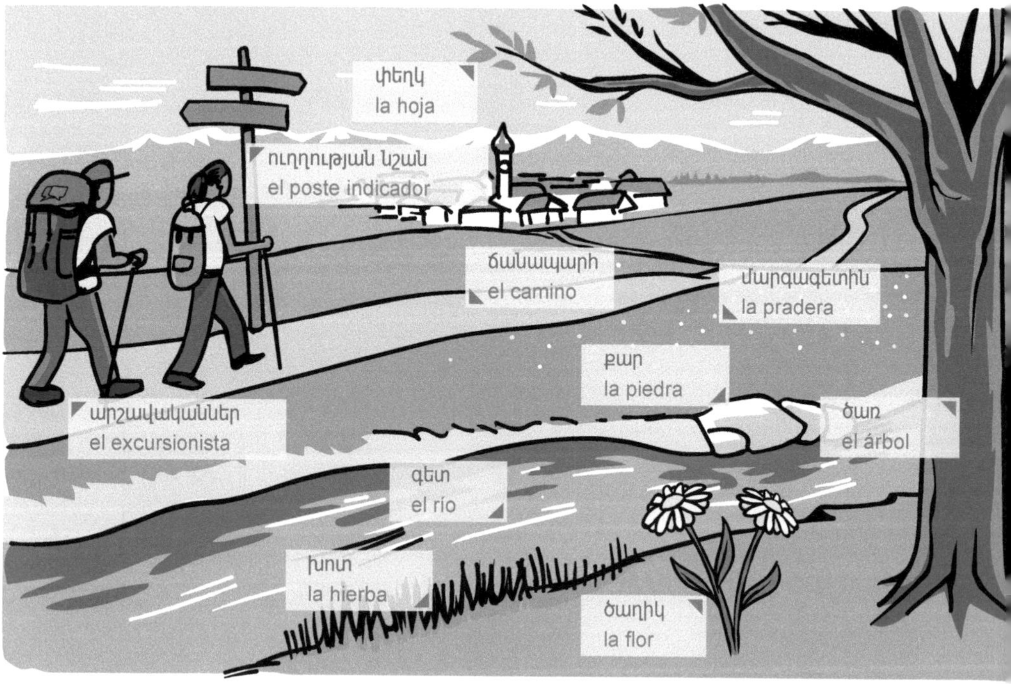

![Ilustración de paisaje con excursionistas]

- փետղ / la hoja
- ուղղության նշան / el poste indicador
- ճանապարհ / el camino
- մարգագետին / la pradera
- քար / la piedra
- արշավականներ / el excursionista
- ծառ / el árbol
- գետ / el río
- խոտ / la hierba
- ծաղիկ / la flor

հովիտ

el valle

բլուր

la montaña

լիճ

el lago

անտառ

el bosque

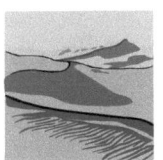

անապատ

el desierto

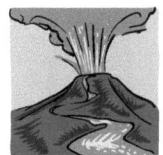

հրաբուխ

el volcán

ամրոց

el castillo

ծիածան

el arco iris

սունկ

el champiñón

արմավենու ծառ

la palmera

մժեղ

el mosquito

թռչել

la mosca

մրջյուն

la hormiga

մեղու

la abeja

սարդ

la araña

բզեզ

el escarabajo

գորտ

la rana

սկյուռ

la ardilla

ոզնի

el erizo

նապաստակ

la liebre

բու

la lechuza

թռչուն

el pájaro

կարապ

el cisne

վարազ

el jabalí

եղջերու

el ciervo

իշայծյամ

el alce

պատնեշ

la presa

քամին տուրբինների

el aerogenerador

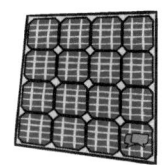

արևային վահանակ

el panel solar

կլիմա

el clima

ռեստորան

el restaurante

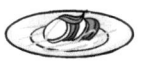

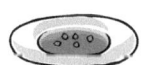

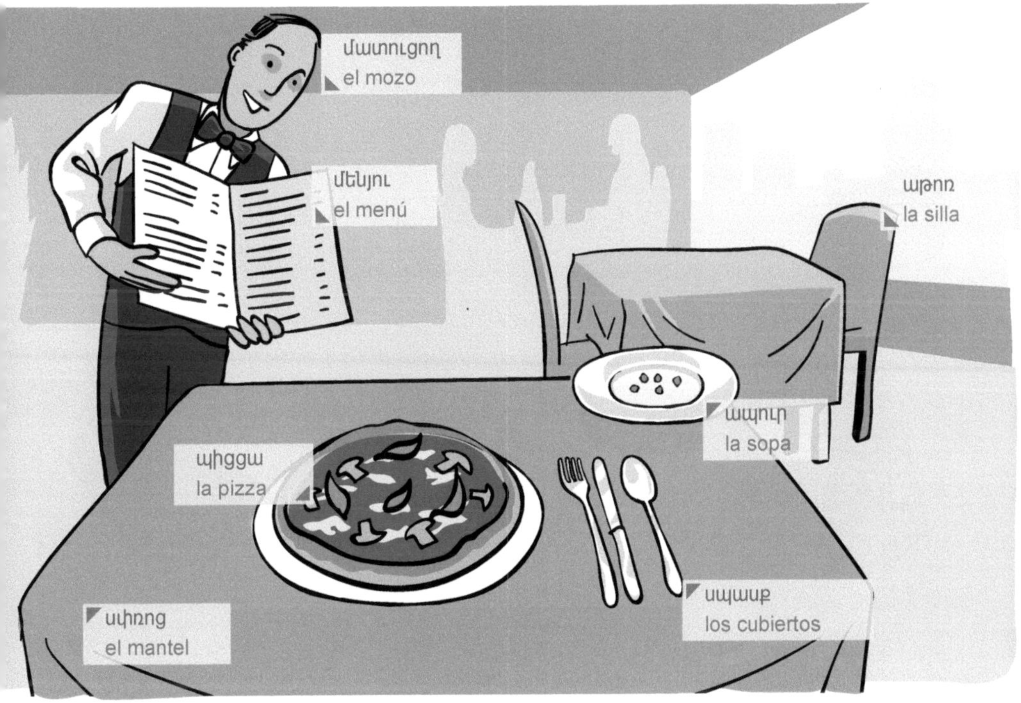

մատուցող
el mozo
մենյու
el menú
աթոռ
la silla
ապուր
la sopa
պիցցա
la pizza
սպասք
los cubiertos
սփռոց
el mantel

ստարտեր
la entrada

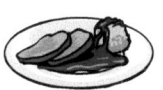

հիմնական կերակուր
el plato principal

դեսերտ
el postre

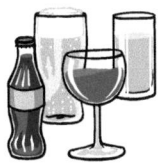

օրական
las bebidas

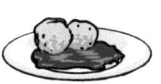

սնունդ
la comida

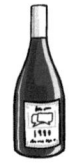

շիշ
la botella

արագ սնունդ

la comida rápida

streetfood

la comida callejera

թեյնիկ

la tetera

շաքարաման

la azucarera

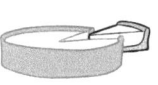

բաժին

la porción

էսպրեսո մեքենա

la cafetera expreso

մանկական աթոռ

la sillita alta

օրինագիծ

la cuenta

սկուտեղ

la bandeja

դանակ

el cuchillo

պատառաքաղ

el tenedor

գդալ

la cuchara

թեյի գդալ

la cucharita

անձեռոցիկ

la servilleta

ապակի

el vaso

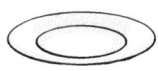

ափսե
el plato

խոր ափսե
el plato hondo

անակ
el plato

սոուս
la salsa

աղաման
el salero

պղպեղի աղաց
el molinillo de pimienta

քացախ
el vinagre

ձեթ
el aceite

համեմունքներ
las especias

կետչուպ
el kétchup

մանանեխ
la mostaza

մայոնեզ
la mayonesa

սուպերմարկետ

el supermercado

հատուկ առաջարկ
la oferta especial
FOR
հաճախորդ
el cliente
Dairy
los lácteos
միրգ
la fruta
գնումների սայլակ
el changuito

BUTCHERS

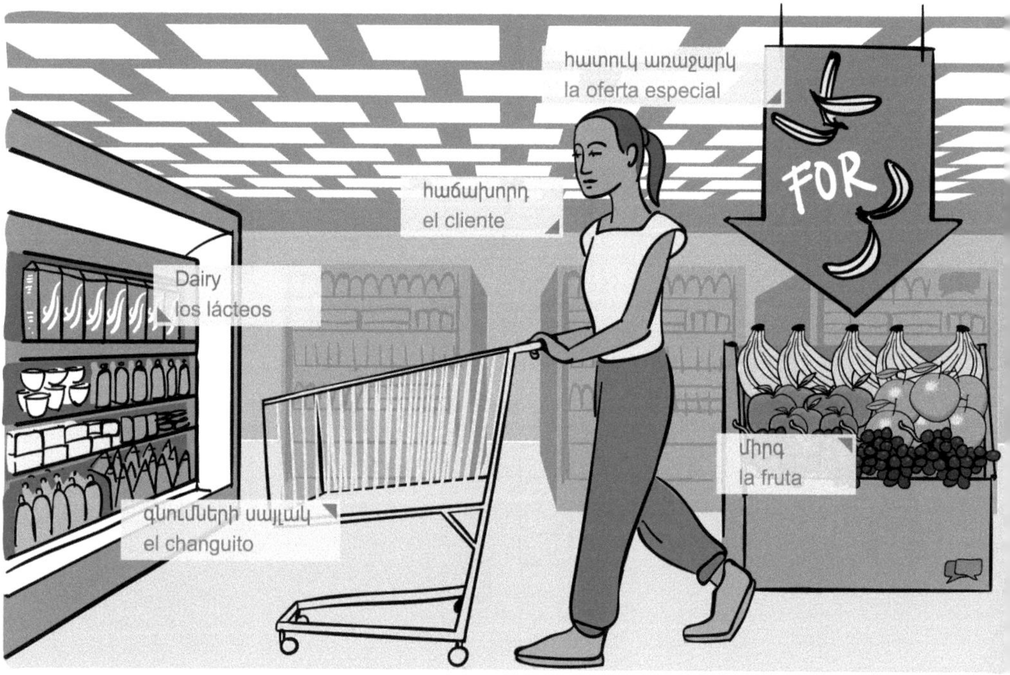

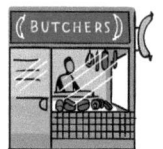

մսամթերքի խանութ

la carnicería

BAKERY

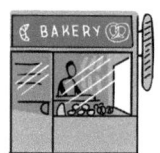

հացամթերքի խանութ

la panadería

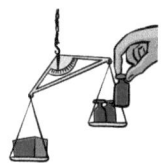

կշռել

pesar

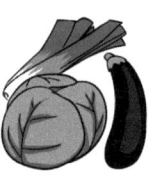

բանջարեղեն

las verduras

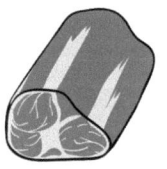

միս

la carne

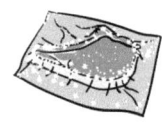

սառեցված սննդամթերքի

los alimentos congelados

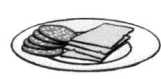

երշիկեղեն

los fiambres

պահածոների

los alimentos enlatados

լվացքի փոշի

el detergente en polvo

քաղցրավենիք

las golosinas

տնտեսական ապրանքներ

los electrodomésticos

մաքրող միջոցներ

los productos de limpieza

վաճառող

la vendedora

դրամարկղ

la caja

գանձապահ

el cajero

գնումների ցուցակ

la lista de compras

ժամերը

el horario de atención

դրամապանակ

la billetera

ԿՐԵԴԻՏ քարտ

la tarjeta de crédito

պայուսակ

la cartera

պլաստիկ տոպրակ

la bolsa de plástico

ջուր

el agua

հյութ

el jugo

կաթ

la leche

կոլա

la bebida cola

գինի

el vino

գարեջուր

la cerveza

սպիրտ

el alcohol

կակաո

el cacao

թեյ

el té

սուրճ

el café

էսպրեսսո

el café expreso

կապուչինո

el cappuccino

բանան

la banana

խնձոր

la manzana

նարնջի

la naranja

սեխ

el melón

կիտրոն

el limón

գազար

la zanahoria

սխտոր

el ajo

բամբուկ

el bambú

սոխ

la cebolla

սունկ

el champiñón

ընկուզեղեն

las nueces

արիշտա

los fideos

սպագետտի

los tallarines

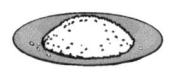

բրինձ

el arroz

աղցան

la ensalada

չիպս

las papas fritas

տապակած կարտոֆիլ

las papas fritas

պիցցա

la pizza

համբուրգեր

la hamburguesa

սենդվիչ

el sándwich

կոտլետ

el churrasco

խոզապուխտ

el jamón

սալյամի

el salame

երշիկ

la salchicha

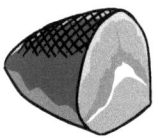

հավ

el pollo

խորոված

el asado

ձուկ

el pescado

վարսակի փաթիլներ

los copos de avena

մյուսլի

el muesli

եգիպտացորենի փաթիլներ

los copos de maíz

ալյուր

la harina

կրուասան

la medialuna

բուլկի

el pancito

հաց

el pan

տոստ

la tostada

թխվածքաբլիթներ

las galletitas

կարագ

la manteca

կաթնաշոռ

la cuajada

տորթ

la torta

ձու

el huevo

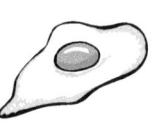

տապակած ձու

el huevo frito

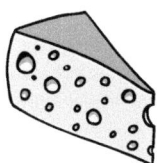

պանիր

el queso

պաղպաղակ

el helado

շաքար

el azúcar

մեղր

la miel

ջեմ

la mermelada

նուգա սերուցք

la pasta de chocolate

կարրի

el curry

ֆերմա

la granja

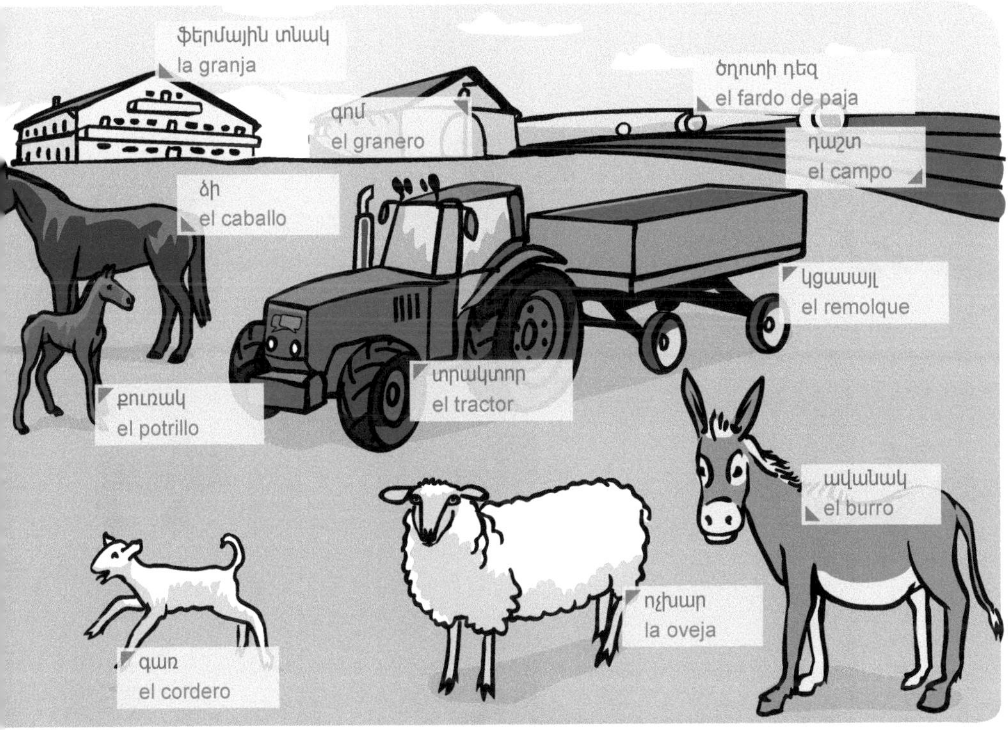
ֆերմային տնակ
la granja
գոմ
el granero
ծղոտի դեզ
el fardo de paja
դաշտ
el campo
ձի
el caballo
կցասայլ
el remolque
տրակտոր
el tractor
քուռակ
el potrillo
ավանակ
el burro
ոչխար
la oveja
գառ
el cordero

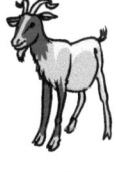

այծ
....
la cabra

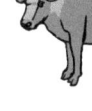

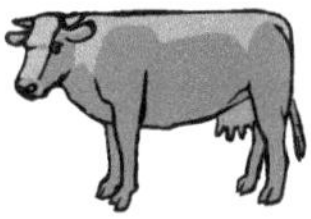

կով
....
la vaca

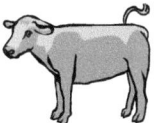

հորթ
....
el ternero

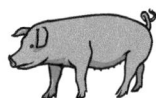

խոզ
....
el cerdo

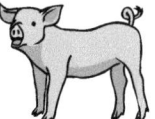

խոճկոր
....
el lechón

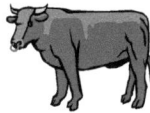

ցուլ
....
el toro

սագ
....
el ganso

բադ
....
el pato

ճուտ
....
el pollo

հավ
....
la gallina

աքլոր
....
el gallo

առնետ
....
la rata

կատու
....
el gato

մուկ
....
el ratón

ցուլ
....
el buey

շուն
....
el perro

շան բուն
....
la cucha

այգու փողրակ
....
la manguera

watering կարող է
....
la regadera

գերանդի
....
la guadaña

գութան
....
el arado

մանգաղ

la hoz

թիխր

la azada

եղան

la horquilla

կացին

el hacha

միանիվ ձեռնասայլակ

la carretilla

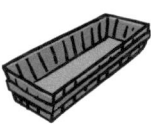

կերակրատաշտ

el abrevadero

կաթի բիդոն

la lechera

պարկ

la bolsa

ցանկապատ

la reja

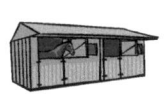

կայուն

el establo

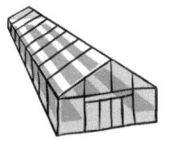

ջերմոց

el invernadero

հող

el suelo

սերմ

la semilla

պարարտանյութ

el fertilizador

բերքահավաք կոմբայն

la cosechadora

բերք

cosechar

բերք

la cosecha

յամ

las batatas

ցորեն

el trigo

սոյա

la soja

կարտոֆիլ

la papa

եգիպտացորեն

el maíz

rapeseed

la semilla de colza

մրգային ծառ

el árbol frutal

manioc

la mandioca

շիլաներ

los cereales

տուն

la casa

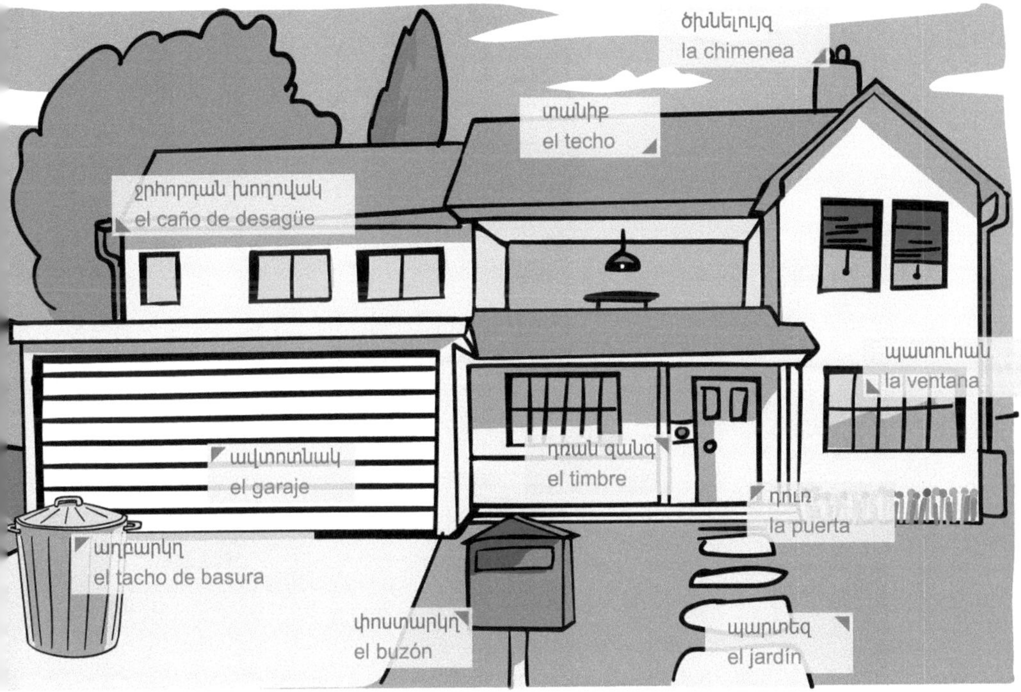

ծխնելույզ
la chimenea
տանիք
el techo
ջրհորդան խողովակ
el caño de desagüe
պատուհան
la ventana
ավտոտնակ
el garaje
դռան զանգ
el timbre
դուռ
la puerta
աղբարկղ
el tacho de basura
փոստարկղ
el buzón
պարտեզ
el jardín

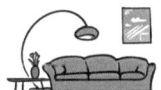

հյուրասենյակ

el living

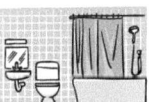

լողասենյակ

el baño

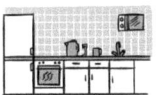

խոհանոց

la cocina

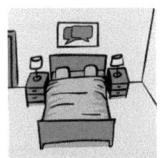

ննջարան

el dormitorio

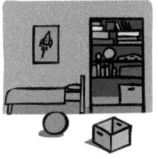

մանկական սենյակ

el cuarto de los chicos

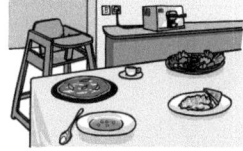

ճաշասենյակ

el comedor

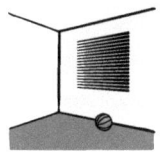

հարկ
el piso

պատ
la pared

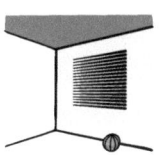

առաստաղ
el cielorraso

նկուղ
el sótano

շոգեբաղնիք
el sauna

պատշգամբ
el balcón

պատշգամբ
la terraza

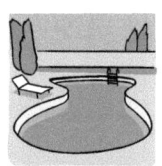

ավազան
la pileta

խոտհնձիչ
la cortadora de pasto

թերթ
la sábana

անկողնու ծածկոց
el acolchado

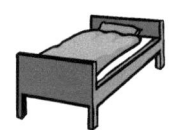

մահճակալ
la cama

ավել
la escoba

դույլ
el balde

անջատիչ
el interruptor

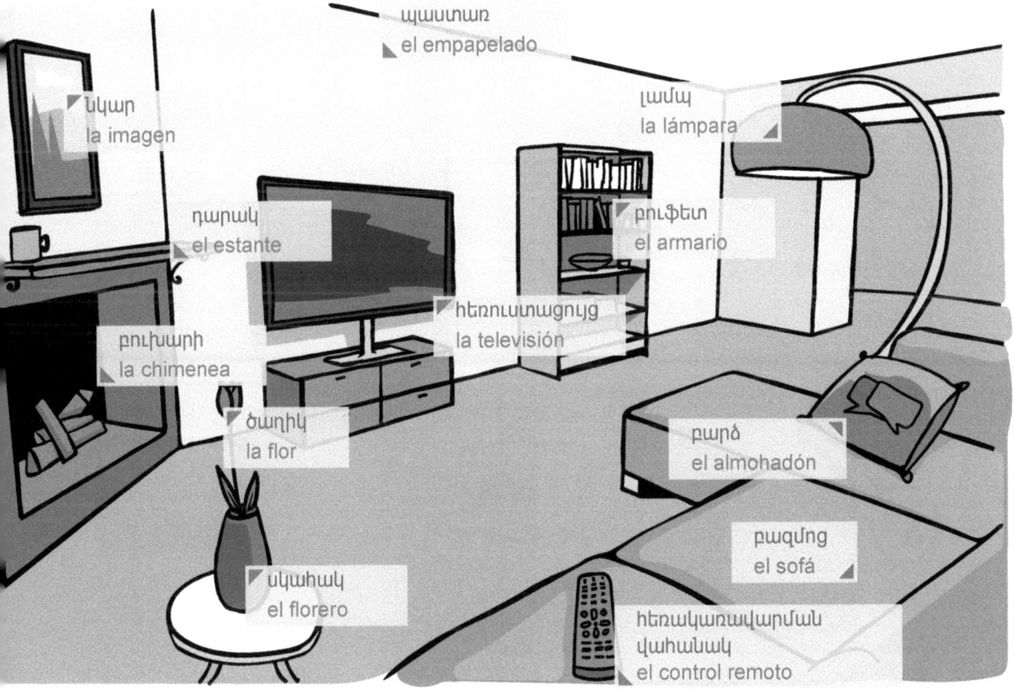

պաստառ
el empapelado

նկար
la imagen

լամպ
la lámpara

դարակ
el estante

բուֆետ
el armario

բուխարի
la chimenea

հեռուստացույց
la televisión

ծաղիկ
la flor

բարձ
el almohadón

բազմոց
el sofá

ծաղկաման
el florero

հեռակառավարման վահանակ
el control remoto

գորգ
la alfombra

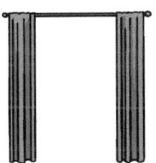

վարագույր
la cortina

սեղան
la mesa

աթոռ
la silla

ճօճվող բազկաթոռ
la mecedora

բազկաթոռ
el sillón

գիրք
....
el libro

վերմակ
....
la frazada

զարդարանք
....
la decoración

վառելափայտ
....
la leña

ֆիլմ
....
la película

hi-fi
....
el equipo de música

բանալի
....
la llave

թերթ
....
el diario

նկար
....
la pintura

պլակատ
....
el póster

ռադիո
....
la radio

տետր
....
el cuaderno

փոշեկուլ
....
la aspiradora

կակտուս
....
el cactus

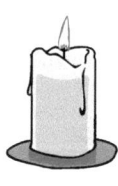

մոմ
....
la vela

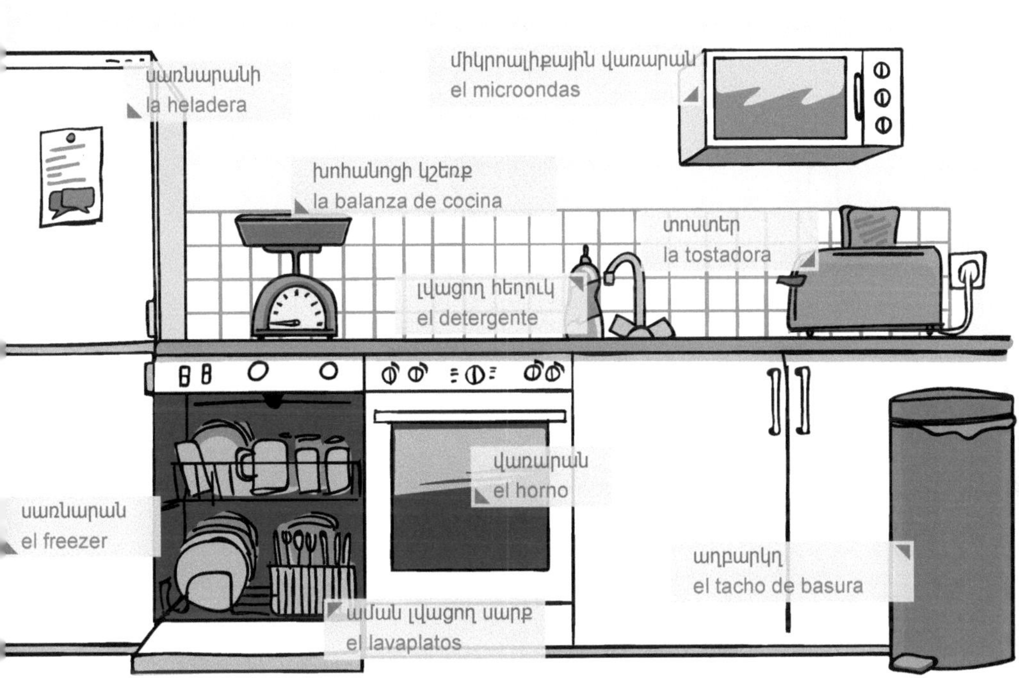

սառնարանի
la heladera

միկրոալիքային վառարան
el microondas

խոհանոցի կշեռք
la balanza de cocina

տոստեր
la tostadora

լվացող հեղուկ
el detergente

վառարան
el horno

սառնարան
el freezer

աման լվացող սարք
el lavaplatos

աղբարկղ
el tacho de basura

կաթսա

la cocina

կճուճ

la olla

թուջե աման

la olla de hierro fundido

wok / kadai

el wok

թավա

la sartén

թեյնիկ

la pava

շոգեճաշ

la vaporera

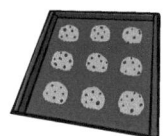

ջեռոցի սկուտեղ

la bandeja de horno

ամանեղեն

la vajilla

բաժակ

la taza

խորը աման

el bol

փայտիկներ

los palitos

շերեփ

el cucharón

խոհանոցային բահիկ

la espátula

հարել

la batidora

քամիչ

el colador

մաղ

el colador

քերիչ

el rallador

հավանգ

el mortero

խորոված

la parrilla

բաց կրակի

la fogata

տախտակ

la tabla de picar

գրտնակ

el palo de amasar

խցանահան

el sacacorchos

բանկա

la lata

բացիչ

el abrelatas

խոհանոցային բռնիչ

la manopla

լվացարան

la pileta

խոզանակ

el cepillo

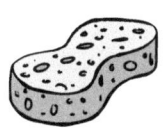

սպունգ

la esponja

բլենդեր

la batidora

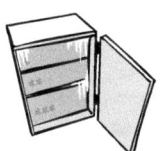

սառնարան

el congelador

մանկական շիշ

la mamadera

թակել

la canilla

լողասենյակ

el baño

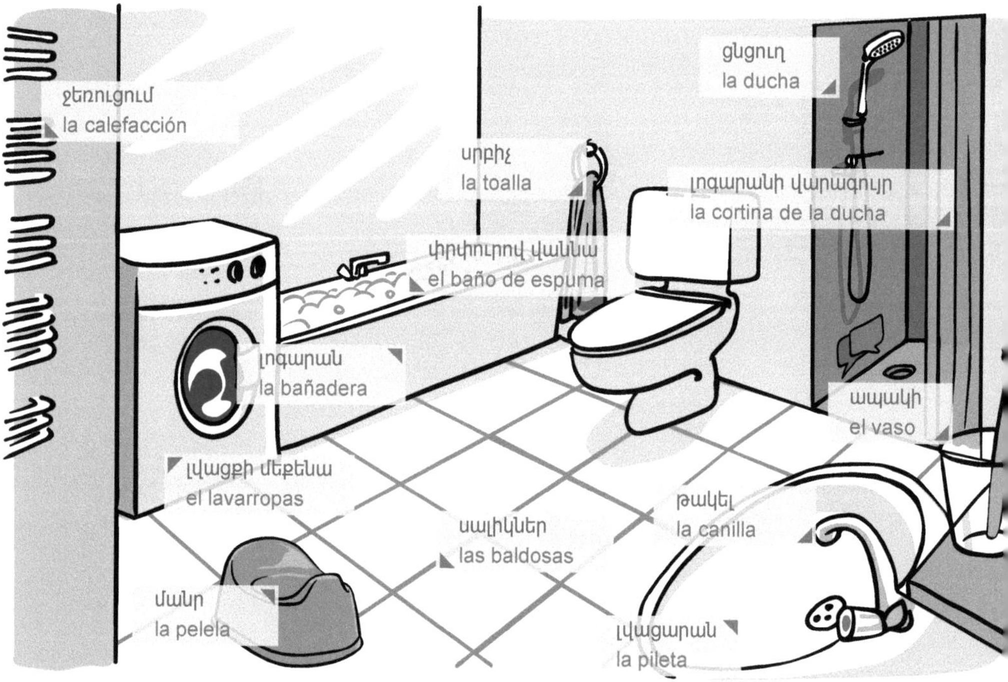

ցնցուղ
la ducha
ջեռուցում
la calefacción
սրբիչ
la toalla
լոգարանի վարագույր
la cortina de la ducha
փրփուրով վաննա
el baño de espuma
լոգարան
la bañadera
ապակի
el vaso
լվացքի մեքենա
el lavarropas
թակել
la canilla
սալիկներ
las baldosas
մանր
la pelela
լվացարան
la pileta

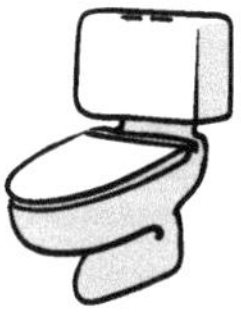

զուգարան

el inodoro

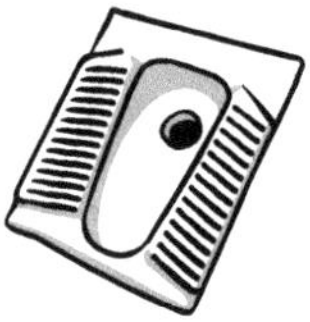

կզելը զուգարան

la letrina

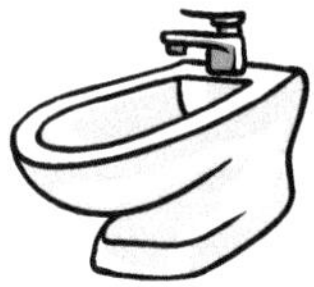

բիդե

el bidé

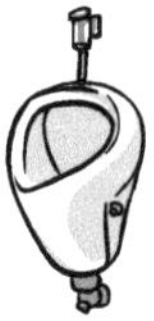

pissoir

el mingitorio

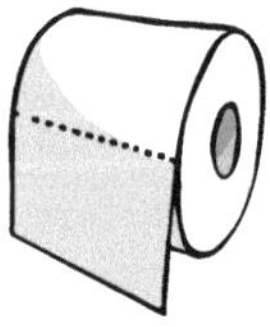

զուգարանի թուղթ

el papel higiénico

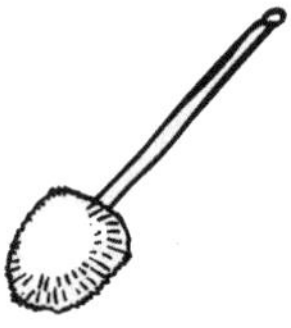

զուգարանի խոզանակ

el cepillo para el inodoro

ատամի խոզանակ

el cepillo de dientes

ատամի քսուք

el dentífrico

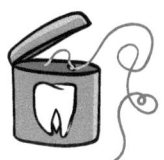

ատամի թել

el hilo dental

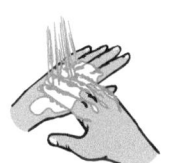

լվանալ

lavar

ծեռքի ցնցուղ

la ducha de mano

ցնցուղ

la ducha higiénica

ավազան

la palangana

մեջքի խոզանակ

el cepillo para la espalda

օճառ

el jabón

լոգանքի գել

el gel de ducha

շամպուն

el shampoo

ճիլոպ

la toallita

հատակահանցք

el desagüe

կրեմ

la crema

դեզոդրանտ

el desodorante

հայելի
el espejo

ծեռքի հայելի
el espejito

սափրիչ
la maquinita de afeitar

Սափրվելու փրփուր
la espuma de afeitar

սափրվելուց հետո քսվող
լույոն
el aftershave

սանր
el peine

խոզանակ
el cepillo

Մազերի չորացուցիչ
el secador de pelo

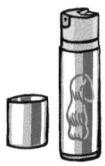

Մազի լաք
el spray

դիմահարդարում
el maquillaje

շրթնաներկ
el lápiz de labios

եղունգների լաք
el esmalte para uñas

բամբակ
el algodón

եղունգների մկրատ
la tijera para uñas

օծանելիք
el perfume

դիմահարդարման
պայուսակ
el portacosméticos

աթոռակ
la banqueta

կշեռք
la balanza

լողանալու խալաթ
la bata

ռետինե ձեռնոցներ
los guantes de goma

տամպոն
el tampón

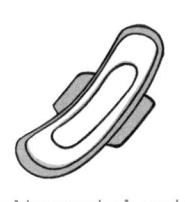

սանիտարական սրբիչ
la toallita femenina

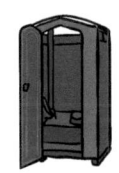

քիմիական զուգարան
el baño químico

մանկական սենյակ
el cuarto de los chicos

զարթուցիչ ժամացույց
el despertador
փափուկ խաղալիք
el peluche
խաղալիք մեքենա
el coche de juguete
բլբլալ
el sonajero
տիկնիկների տնակ
la casa de muñecas
ներկա
el regalo

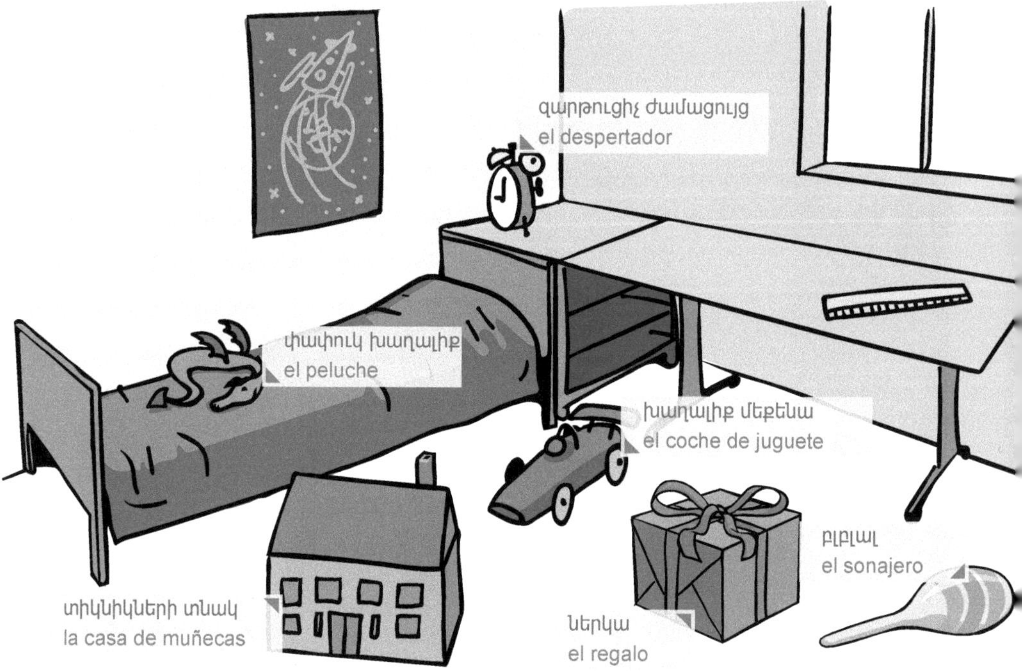

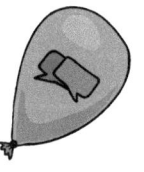

փուչիկ
....
el globo

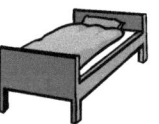

մահճակալ
....
la cama

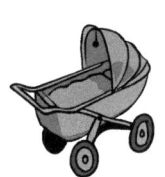

մանկական սայլակ
....
el cochecito

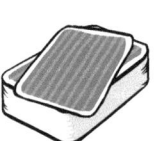

խաղաթղթեր
....
las cartas

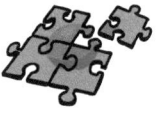

խճապատկեր
....
el rompecabezas

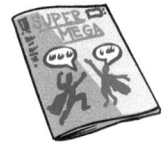

կոմիքս
....
la historieta

Լեգո կուբիկներ

las piezas de lego

կառուցողական
խաղալիքներ
los ladrillos de juguete

ակցիան գործիչ

la figura de acción

մանկական բրդի

el enterito (de bebé)

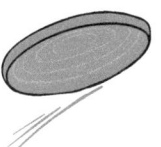

Frisbee

el frisbee

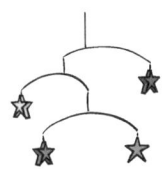

շարժական

el móvil para bebés

խաղատախտակ

el juego de mesa

զառախաղ

los dados

գնացքների կազմ

el tren eléctrico

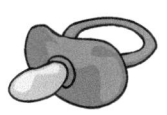

ծծակ

el chupete

կուսակցություն

la fiesta

մանկական
պատկերազարդ գիրք
el libro de cuentos ilustrado

գնդակ

la pelota

տիկնիկ

la muñeca

խաղալ

jugar

ավազե խաղահրապարակի
el arenero

ճիրմ
la hamaca

Խաղալիքներ
los juguetes

վիդեո խաղ մխիթարել
la consola de videojuegos

եռանիվ հեծանիվ
el triciclo

խաղալիք արջուկ
el osito de peluche

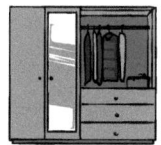

պահարան
el armario

hագուստ

la ropa

կիսագուլպա
las medias

գուլպա
las medias panty

գուզագուլպա
las calzas

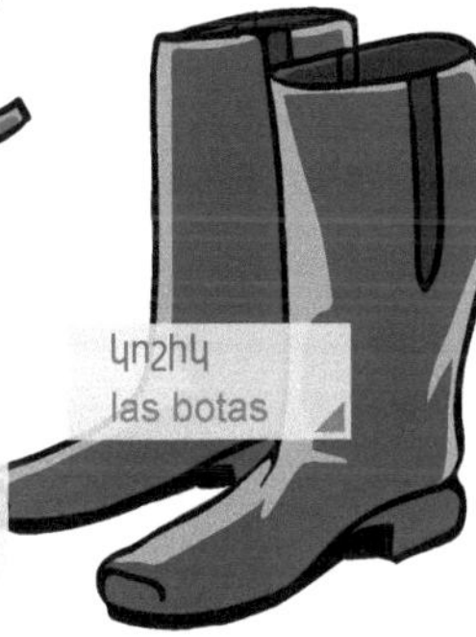

շարֆ
la bufanda

հովանոց
el paraguas

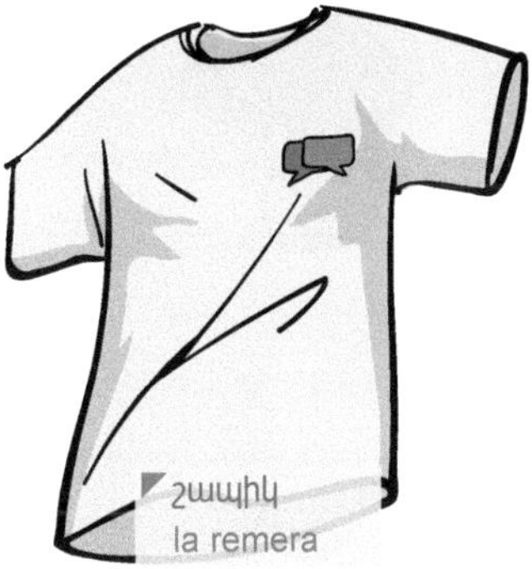

գոտի
el cinturón

շապիկ
la remera

սպորտային կոշիկներ
las zapatillas

կոշիկ
las botas

հողաթափեր
las pantuflas

սանդալներ
las sandalias

կոշիկ
los zapatos

ռետինե կոշիկներ
las botas de goma

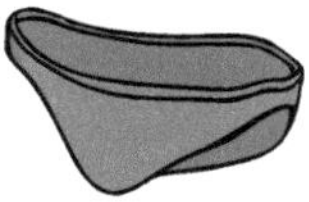

վարտիք
la ropa interior

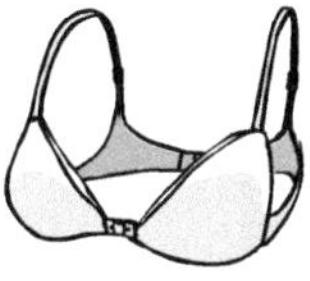

կրծկալ
el corpiño

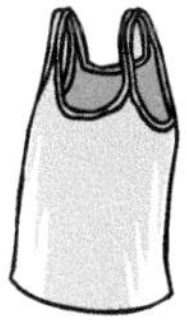

մայկա
el chaleco

հագուստ - la ropa

մարմին

el body

անդրավարտիք

los pantalones

ջինս

los jeans

կիսաշրջազգեստ

la pollera

բլուզ

la blusa

վերնաշապիկ

la camisa

պուլովեր

el pulóver

սպորտային կուրտկա

el buzo

պիջակ

el blazer

կուրտկա

la campera

վերարկու

el tapado

անձրևանոց

el piloto

կանացի կոստյում

el traje

զգեստ

el vestido

հարսանյաց զգեստ

el vestido de novia

տղամարդու կոստյում

el traje

գիշերանոց

el camisón

պիժամա

el pijama

Սարի

el sari

գլխաշորն

el pañuelo para la cabeza

չալմա

el turbante

չադրա

la burka

արևելյան խալաթ

el caftán

հաստ վերարկու

la abaya

կանացի լողազգեստ

el traje de baño

տղամարդու լողազգեստ

el short de baño

շորտ

los shorts

սպորտային համազգեստ

el jogging

գոգնոց

el delantal

ձեռնոցներ

los guantes

կոճակ

el botón

ակնոց

los anteojos

ապարանջան

la pulsera

վզնոց

el collar

մատանի

el anillo

ականջօղ

el aro

գլխարկ

la gorra

կախիչ

la percha

գլխարկ

el sombrero

փողկապ

la corbata

շղթա

el cierre

սաղավարտ

el casco

տաբատակալ

los tiradores

դպրոցական համազգեստ

el uniforme escolar

համազգեստ

el uniforme

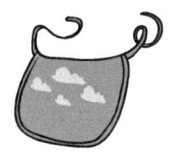

մանկական գոգնոց

el babero

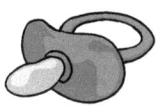

ծծակ

el chupete

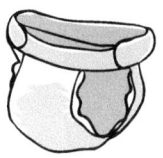

մանկական տակդիր

el pañal

գրասենյակ
la oficina

սերվեր
el servidor
գրասենյակային պահարան
el archivero
տպիչ
la impresora
թուղթ
el papel
մոնիտոր
el monitor
մկնիկ
el mouse
գրասեղան
el escritorio
թղթապանակ
la carpeta
ստեղնաշար
el teclado
աթոռ
la silla
աղբարկղ
el tacho (de basura)
համակարգիչ
la computadora

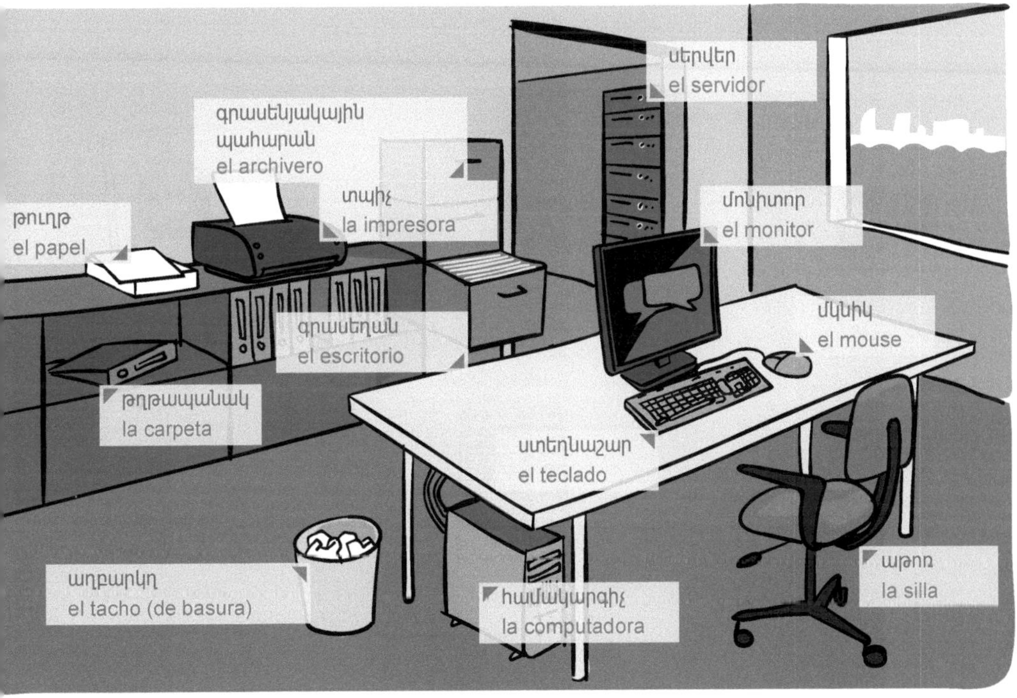

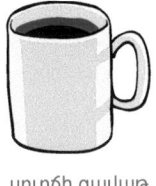

սուրճի գավաթ

la taza de café

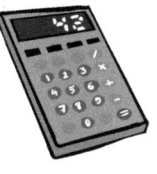

հաշվիչ

la calculadora

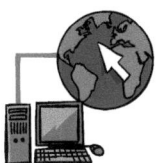

ինտերնետ

el internet

laptop
la laptop

նամակ
la carta

հաղորդագրություն
el mensaje

բջջային հեռախոս
el celular

ցանց
la red

պատճենահանման սարք
la fotocopiadora

ծրագրային ապահովում
el software

հեռախոս
el teléfono

վարդակ
el tomacorriente

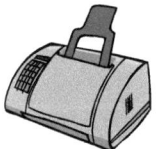

ֆաքսի մեքենա
el fax

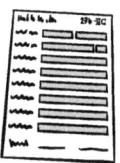

տեսակ
el formulario

փաստաթուղթ
el documento

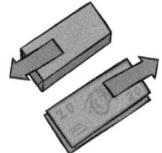

գնել

comprar

վճարել

pagar

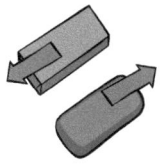

առևտրի

hacer negocios

փող

el dinero

դոլար

el dólar

եվրո

el euro

իեն

el yen

ռուբլի

el rublo

շվեյցարական ֆրանկ

el franco suizo

յուան

el yuan

ռուպի

la rupia

բանկոմատ

el cajero automático

փոխանակման կետ
....
la casa de cambio

ոսկի
....
el oro

արծաթ
....
la plata

նավթ
....
el petróleo

էներգիա
....
la energía

գին
....
el precio

պայմանագիր
....
el contrato

հարկ
....
el impuesto

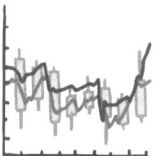

ակցիաներ
....
la acción

աշխատանք
....
trabajar

ծառայող
....
el empleado

գործատուն
....
el empleador

գործարան
....
la fábrica

խանութ
....
el negocio

մասնագիտություն

las ocupaciones

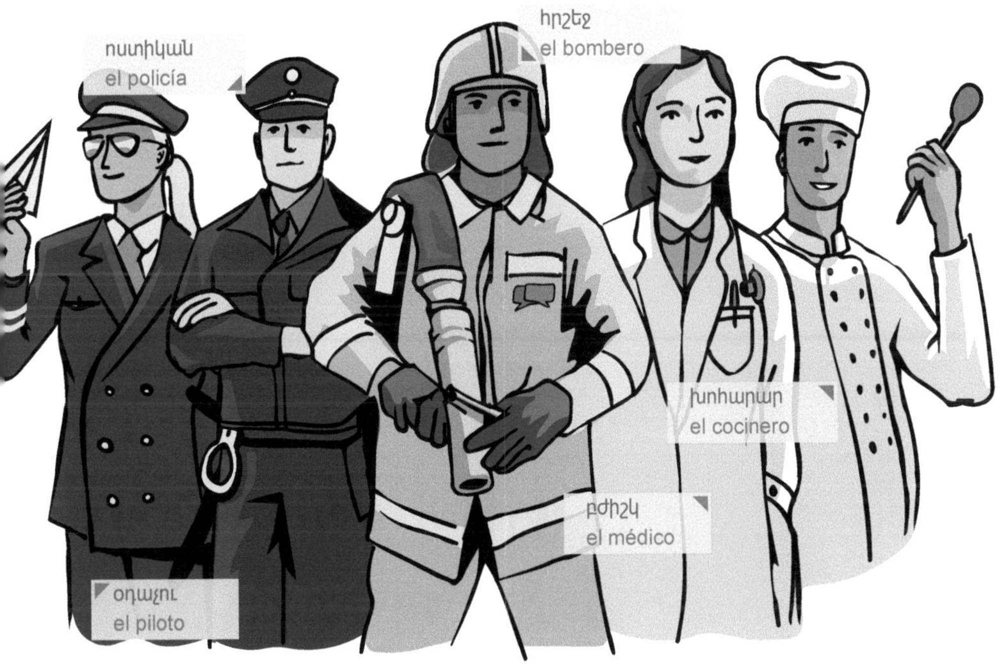
ոստիկան
el policía
հրշեջ
el bombero
խոհարար
el cocinero
բժիշկ
el médico
օդաչու
el piloto

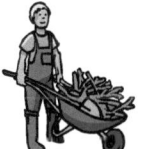

այգեպան

el jardinero

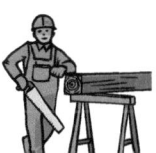

ատաղձագործ

el carpintero

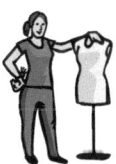

դերձակուհի

la modista

դատավոր

el juez

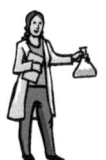

քիմիկոս

el farmacéutico

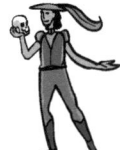

դերասան

el actor

ավտոբուսի վարորդ

el colectivero

տաքսու վարորդ

el taxista

ձկնորս

el pescador

հավաքարար

la mucama

տանիքագործ

el techista

մատուցող

el mozo

որսորդ

el cazador

նկարիչ

el pintor

հացթուխ

el panadero

էլեկտրատեխնիկ

el electricista

շինարար

el albañil

ինժեներ

el ingeniero

մսագործ

el carnicero

ջրմուղագործ

el plomero

փոստարար

el cartero

գինվոր
....
el soldado

ճարտարապետ
....
el arquitecto

գանձապահ
....
el cajero

ծաղկավաճառ
....
el florista

վարսավիր
....
el peluquero

տոմսավաճառ
....
el cobrador

մեխանիկ
....
el mecánico

կապիտան
....
el capitán

ատամնաբույժ
....
el dentista

գիտնական
....
el científico

ռաբբի
....
el rabino

իմամ
....
el imán

կուսակրոն
....
el monje

հոգևորական
....
el sacerdote

գործիքներ

las herramientas

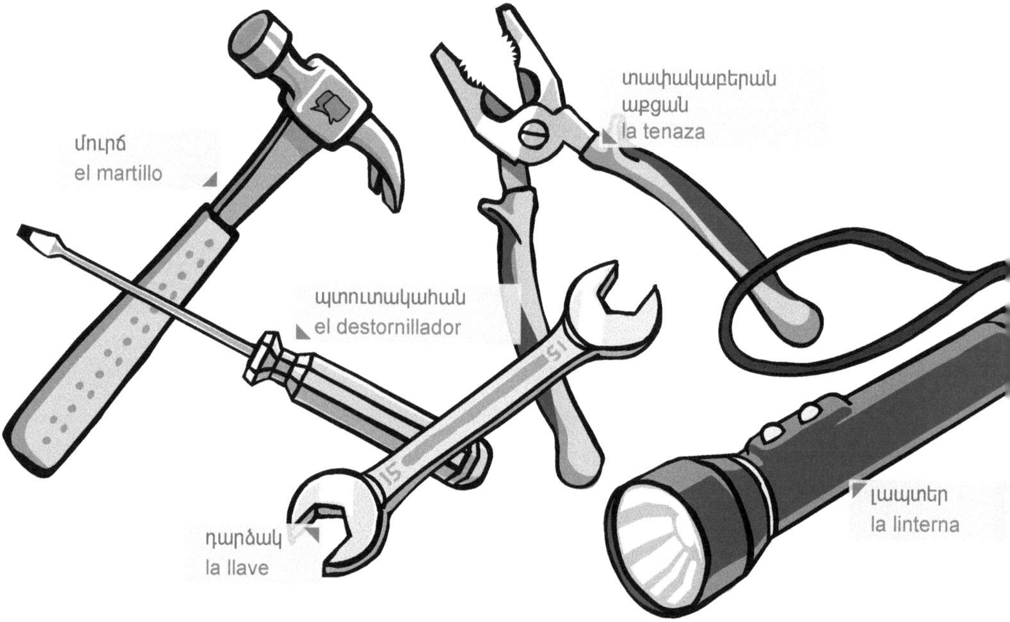
մուրճ
el martillo
տափակաբերան
աքցան
la tenaza
պտուտակահան
el destornillador
դարձակ
la llave
լապտեր
la linterna

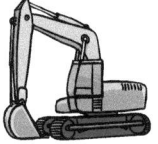

էքսկավատոր

la excavadora

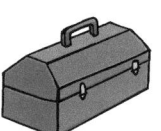

գործիքների տուփ

la caja de herramientas

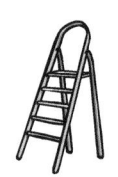

սանդուղք

la escalera portátil

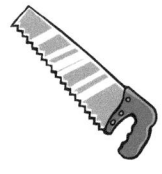

սղոց

la sierra

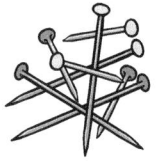

մեխեր

los clavos

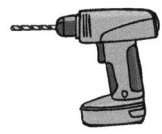

գայլիկոն

el taladro

նորոգում
arreglar

բահ
la pala de jardín

գրողը տանի
¡Qué bronca!

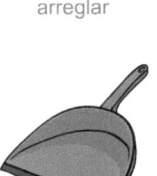

գոգաթիակ
la pala de plástico

ներկաման
el tacho de pintura

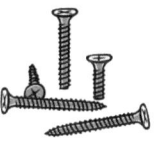

պտուտակներ
los tornillos

Երաժշտական գործիքներ
los instrumentos musicales

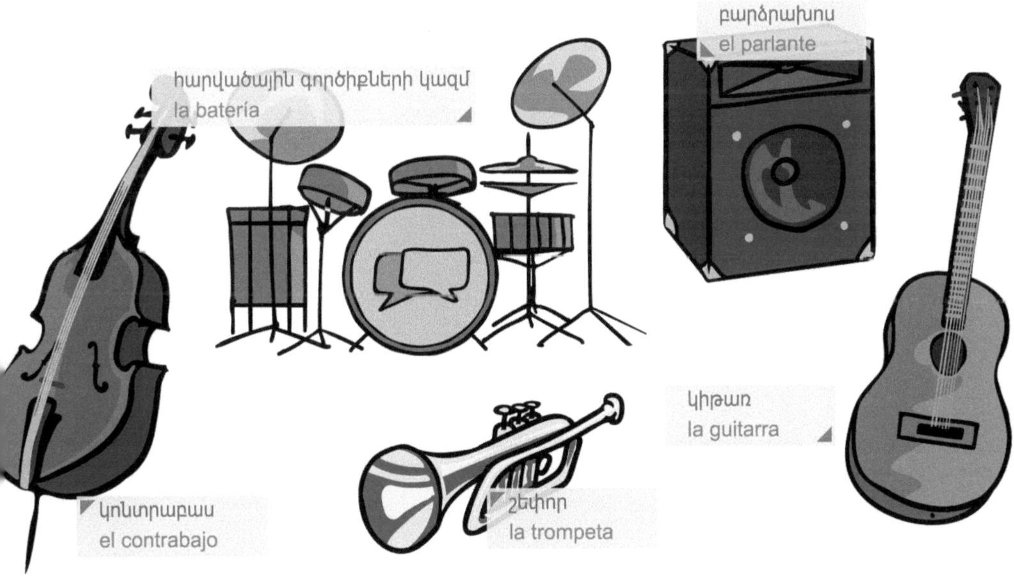

հարվածային գործիքների կազմ
la batería

բարձրախոս
el parlante

կիթառ
la guitarra

կոնտրաբաս
el contrabajo

շեփոր
la trompeta

դաշնամուր

el piano

ջութակ

el violín

բաս

el bajo

թմբուկներ

los timbales

հարվածային գործիքներ

el tambor

ստեղնաշար

el teclado

սաքսոֆոն

el saxofón

ֆլեյտա

la flauta

միկրոֆոն

el micrófono

գուղ
la entrada

վագր
el tigre

վանդակ
la jaula

** զեբր**
la cebra

կենդանիների կերակուր
el alimento para animales

պանդա
el oso panda

կենդանիներ
los animales

փիղ
el elefante

կենգուրու
el canguro

ռնգեղջյուր
el rinoceronte

գորիլա
el gorila

գորշ արջ
el oso

ուղտ

el camello

ջայլամ

el avestruz

առյուծ

el león

կապիկ

el mono

Ֆլամինգո

el flamenco

թութակ

el loro

բևեռային արջ

el oso polar

պինգվին

el pingüino

շնաձուկ

el tiburón

սիրամարգ

el pavo real

օձ

la serpiente

կոկորդիլոս

el cocodrilo

կենդանաբանական այգու աշխատող

el cuidador del zoológico

փոկ

la foca

յագուար

el jaguar

պոնի
el poni

ընձառյուծ
el leopardo

գետաձի
el hipopótamo

ընձուղտ
la jirafa

արծիվ
el águila

վարազ
el jabalí

ձուկ
el pescado

կրիա
la tortuga

ծովացուլ
la morsa

աղվես
el zorro

վիթ
la gacela

ամերիկյան ֆուտբոլ
el fútbol americano

հեծանվավազք
el ciclismo

թենիս
el tenis

բասկետբոլ
el básquet

լող
la natación

բռնցքամարտ
el boxeo

հոկեյ
el hockey sobre hielo

ֆուտբոլ
el fútbol

բադմինտոն
el bádminton

աթլետիկա
el atletismo

ձեռքի գնդակ
el handball

դահուկային սպորտ
el esquí

պոլո
el polo

ծիծաղել
reír

ցատկել
saltar

գրկել
abrazar

քայլել
caminar

երգել
cantar

երազել
soñar

աղոթել
rezar

համբուրել
besar

գրել
escribir

նկարել
dibujar

ցույց տալ
mostrar

հրել
presionar

տալ
dar

վերցնել
tomar

ունենալ

tener

դեպի

hacer

լինել

ser

կանգնել

estar parado

վազել

correr

քաշել

tirar

նետել

tirar

ընկնել

caer

ստել

estar acostado

սպասել

esperar

կրել

llevar

նստել

estar sentado

հագնվել

vestirse

քնել

dormir

արթնանալ

despertar

նայել
mirar

լացել
llorar

շոյել
acariciar

սանրվել
peinar

խոսել
hablar

հասկանալ
entender

հարցնել
preguntar

լսել
escuchar

խմել
beber

ուտել
comer

հարդարվել
ordenar

սիրել
amar

խոհարար
cocinar

քշել
manejar

թռչել
volar

լողալ

navegar

հաշվել

calcular

կարդալ

leer

սովորել

aprender

աշխատանք

trabajar

ամուսնանալ

casarse

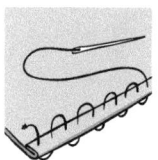

կարել

coser

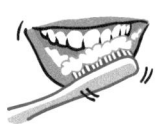

ատամները լվանալ

cepillarse los dientes

սպանել

matar

ծուխս

fumar

ուղարկել

enviar

տատիկ
la abuela

պապիկ
el abuelo

հայր
el padre

մայր
la madre

երեխա
el bebé

դուստր
la hija

որդի
el hijo

hյուր
el invitado

հորաքույր
la tía

հորեղբայր
el tío

եղբայր
el hermano

քույր
la hermana

մարմին

el cuerpo

ճակատ
la frente
աչք
el ojo
ուս
el hombro
մատ
el dedo
դեմք
la cara
կզակ
la pera
ձեռք
la mano
կուրծք
el pecho
ոտք
la pierna
թև
el brazo

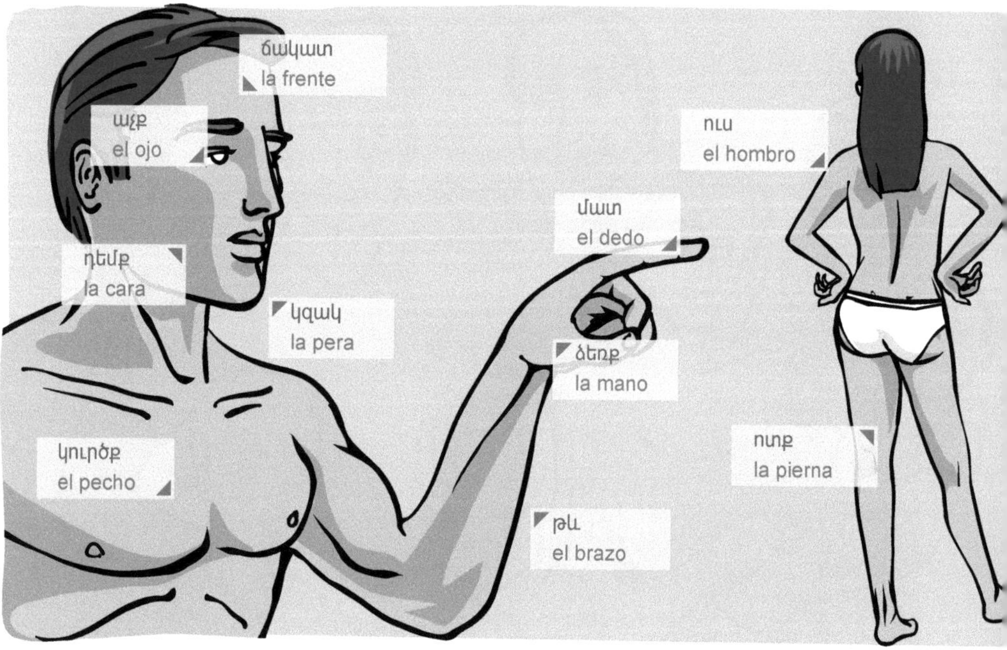

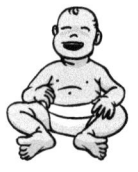

երեխա

el bebé

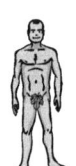

մարդ

el hombre

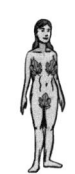

կին

la mujer

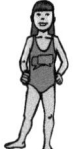

աղջիկ

la nena

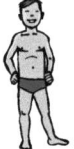

տղա

el nene

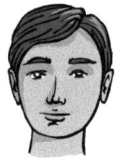

գլուխ

la cabeza

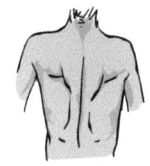

մեջք

la espalda

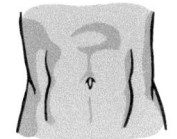

փոր

la panza

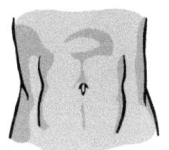

պորտ

el ombligo

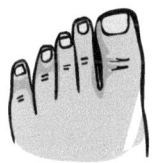

ոտնամատ

el dedo del pie

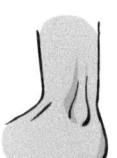

կրունկ

el talón

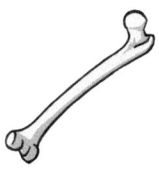

ոսկոր

el hueso

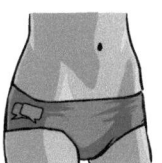

ազդր

la cadera

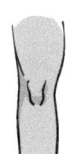

ծունկ

la rodilla

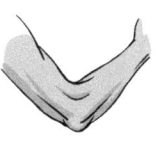

արմունկ

el codo

քիթ

la nariz

հետույք

la cola

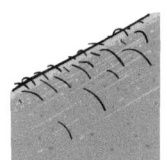

մաշկ

la piel

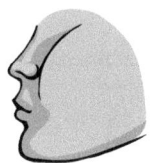

այտ

el cachete

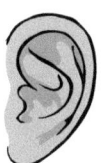

ականջ

la oreja

շրթունք

el labio

բերան
la boca

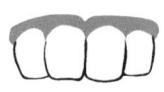

ատամ
el diente

լեզու
la lengua

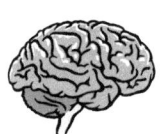

ուղեղ
el cerebro

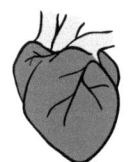

սիրտ
el corazón

մկան
el músculo

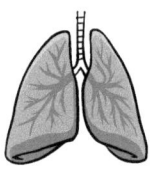

թոք
el pulmón

լյարդ
el hígado

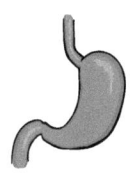

ստամոքս
el estómago

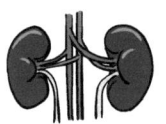

երիկամներ
los riñones

սեքս
el sexo

պահպանակներ
el preservativo

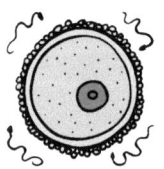

ձվաբջիջը
el óvulo

Սեմյոն
el semen

հղիություն
el embarazo

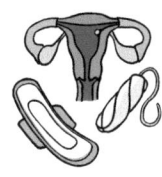

դաշտան

la menstruación

հեշտոց

la vagina

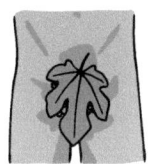

առնանդամ

el pene

հոնք

la ceja

Մազ

el pelo

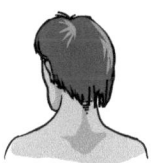

պարանոց

el cuello

հիվանդանոց

el hospital

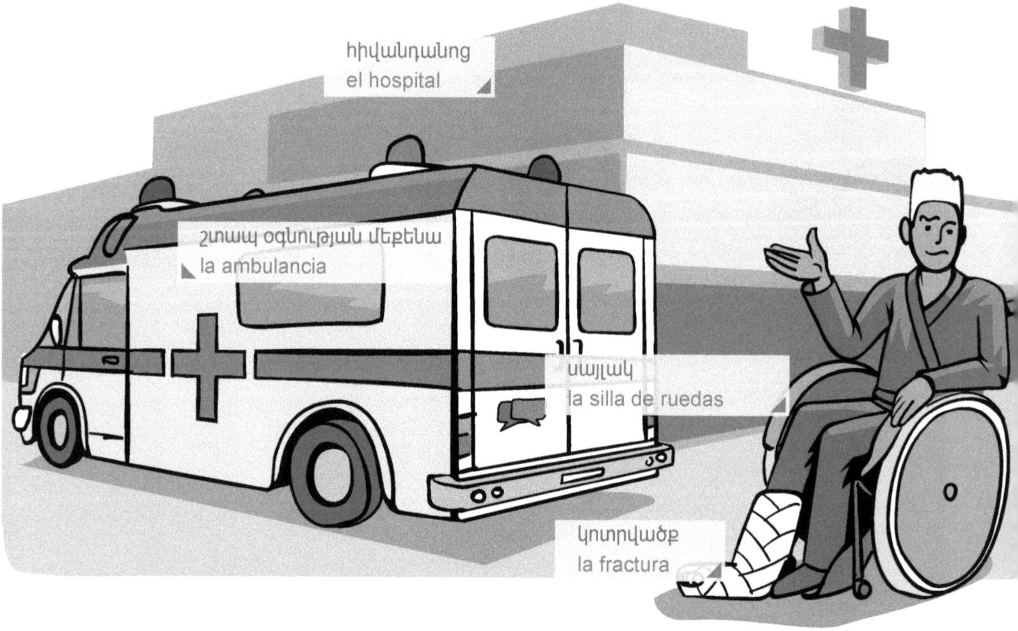

հիվանդանոց
el hospital
շտապ օգնության մեքենա
la ambulancia
սայլակ
la silla de ruedas
կոտրվածք
la fractura

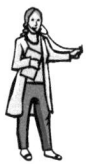

բժիշկ

....

el médico

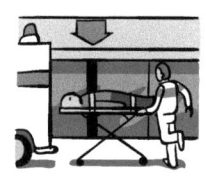

շտապ օգնության սենյակ

....

la sala de guardia

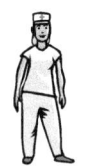

բուժքույր

....

la enfermera

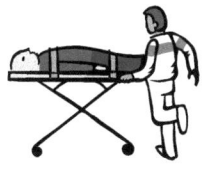

շտապ օգնություն

....

la emergencia

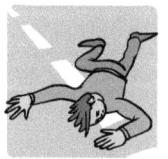

անգիտակից

....

inconsciente

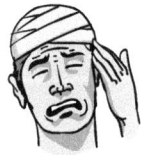

ցավ

....

el dolor

vնասվածք
la lesión

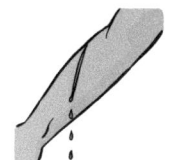

արյունահոսություն
la hemorragia

սրտի կաթված
el infarto

կաթված
el ACV

ալերգիա
la alergia

հազ
la tos

տենդ
la fiebre

գրիպ
la gripe

փորլուծություն
la diarrea

գլխացավ
el dolor de cabeza

քաղցկեղ
el cáncer

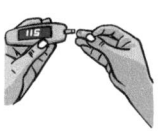

դիաբետ
la diabetes

վիրաբույժ
el cirujano

վիրադանակ
el bisturí

վիրահատություն
la operación

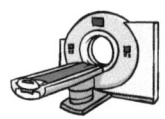

CT
la TC

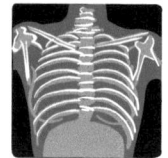

ռենտգեն
los rayos x

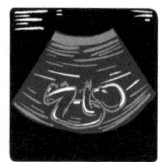

ուլտրաձայնային
la ecografía

դեմքի դիմակ
el barbijo

հիվանդություն
la enfermedad

սպասարահ
la sala de espera

հենակ
la muleta

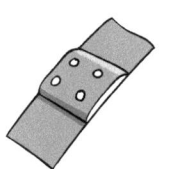

սպեղանի
la curita

վիրակապ
la venda

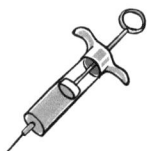

ներարկում
la inyección

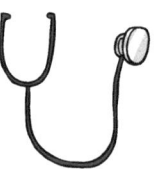

լսափողակ
el estetoscopio

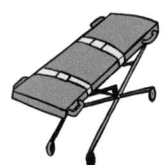

պատգարակ
la camilla

ջերմաչափ
el termómetro

ծնունդ
el nacimiento

ավելքաշ
el sobrepeso

լսելով oգնության
el audífono

ախտահանիչ
el desinfectante

վարակ
la infección

վիրուս
el virus

ՄԻԱՎ / ՁԻԱՀ
el VIH / SIDA

դեղորայք
el remedio

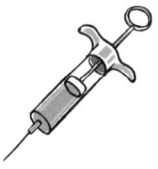

պատվաստում
la vacunación

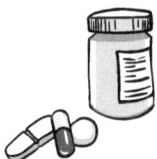

հաբեր
los comprimidos

հաբ
la pastilla anticonceptiva

ahaqանq
llamada de emergencia

արյան ճնշման չափիչ սարք
el tensiómetro

հիվանդ / առողջ
enfermo / sano

Oգնություն!

¡Ayuda!

տագնապի ազդանշան

la alarma

հարձակում

la agresión

հարձակում

el ataque

վտանգ

el peligro

վթարային ելք

la salida de emergencia

Հրդեh

¡Fuego!

կրակմարիչ

el matafuego

վթար

el accidente

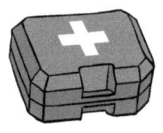

առաջին օգնության դեղարկղ

el botiquín de primeros auxilios

SOS

el SOS

ոստիկանություն

la policía

Եվրոպա

Europa

Հյուսիսային Ամերիկա

América del Norte

Հարավային Ամերիկա

América del Sur

Աֆրիկա

África

Ասիա

Asia

Ավստրալիա

Australia

Ատլանտյան օվկիանոս

el Atlántico

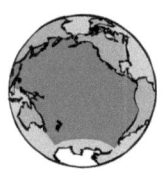

Խաղաղ օվկիանոս

el Pacífico

Հնդկական օվկիանոս

el Océano Índico

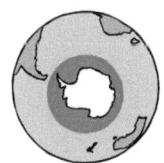

Հարավային Սառուցյալ
օվկիանոս

el Océano Antártico

Հյուսիսային Սառուցյալ
օվկիանոս

el Océano Ártico

հյուսիսային բևեռ

el polo norte

հարավային բևեռ
el polo sur

Անտարկտիդա
la Antártida

երկիր
la Tierra

ցամաք
la tierra

ծով
el mar

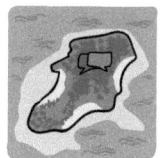

կղզի
la isla

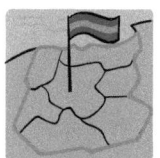

ազգ
la nación

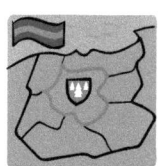

պետական
el estado

թվատախտակ
la esfera

ժամի սլաք
la manecilla de las horas

րոպեի սլաք
el minutero

վայրկյանի սլաք
el segundero

Ժամը քանիսն է?
¿Qué hora es?

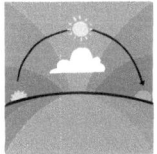

օր
el día

այսպիսով
la hora

այժմ
ahora

թվային ժամացույց
el reloj digital

րոպե
el minuto

ժամ
la hora

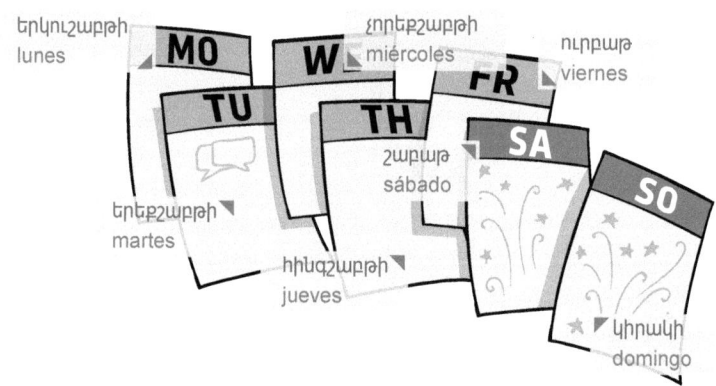

երկուշաբթի
lunes

չորեքշաբթի
miércoles

ուրբաթ
viernes

Շաբաթ
sábado

երեքշաբթի
martes

հինգշաբթի
jueves

կիրակի
domingo

այսօր
ayer

այսօր
hoy

վաղը
mañana

առավոտ
la mañana

կեսօր
el mediodía

երեկո
la tarde

MO	TU	WE	TH	FR	SA	SU
1	2	3	4	5	6	7
8	9	10	11	12	13	14
15	16	17	18	19	20	21
22	23	24	25	26	27	28
29	30	31	1	2	3	4

աշխատանքային օրեր
los días hábiles

MO	TU	WE	TH	FR	SA	SU
1	2	3	4	5	6	7
8	9	10	11	12	13	14
15	16	17	18	19	20	21
22	23	24	25	26	27	28
29	30	31	1	2	3	4

շաբաթվա վերջ
el fin de semana

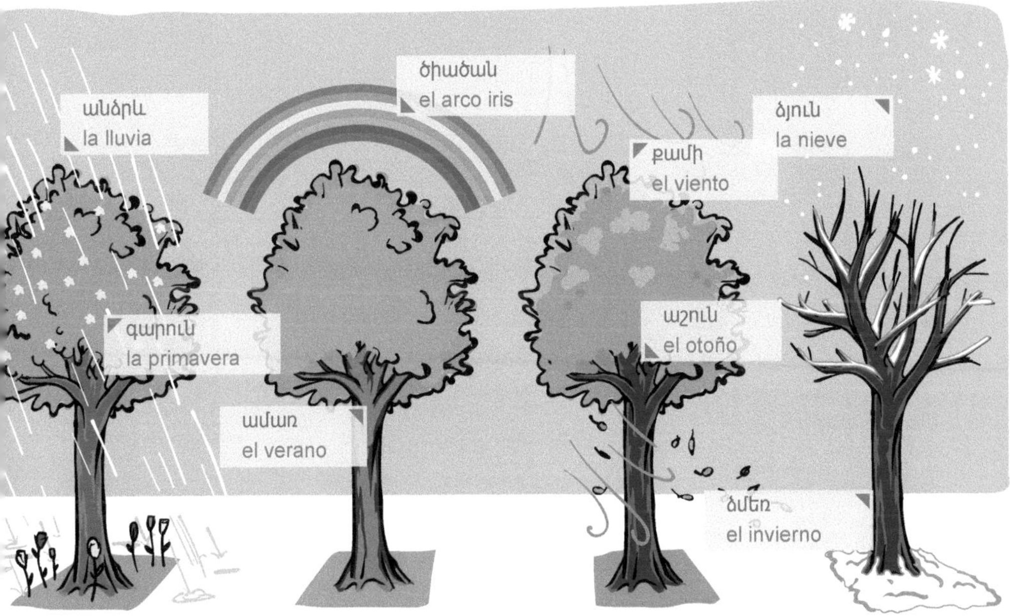

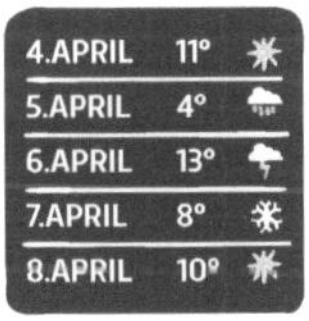

անձրև
la lluvia
ծիածան
el arco iris
ձյուն
la nieve
քամի
el viento
գարուն
la primavera
ամառ
el verano
աշուն
el otoño
ձմեռ
el invierno

4.APRIL 11°
5.APRIL 4°
6.APRIL 13°
7.APRIL 8°
8.APRIL 10°

եղանակի տեսություն

pronóstico meteorológico

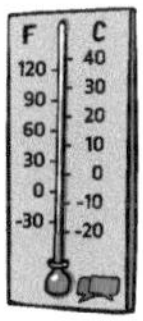

F C
120 40
90 30
60 20
30 10
0 0
-30 -10
-20

ջերմաչափ

el termómetro

արևի լույս

la luz del sol

ամպ

la nube

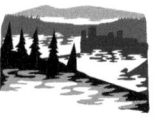

մառախուղ

la niebla

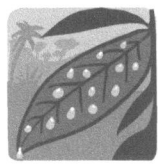

խոնավություն

la humedad

կայծակ

el rayo

որոտ

el trueno

փոթորիկ

la tormenta

կարկուտ

el granizo

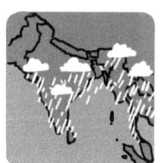

Մուսոն

el monzón

ջրհեղեղ

la inundación

սառույց

el hielo

հունվար

enero

փետրվար

febrero

մարտ

marzo

ապրիլ

abril

մայիս

mayo

հունիս

junio

հուլիս

julio

oգոստոս

agosto

սեպտեմբեր
....
septiembre

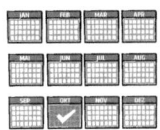

հոկտեմբեր
....
octubre

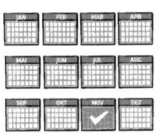

նոյեմբեր
....
noviembre

դեկտեմբեր
....
diciembre

ձեւավորում
las formas

շրջան
....
el círculo

քառակուսի
....
el cuadrado

ուղղանկյունի
....
el rectángulo

եռանկյունի
....
el triángulo

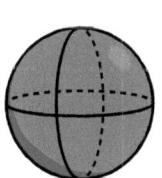

ասպարեզ
....
la esfera

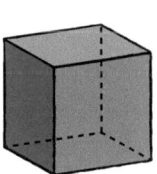

խորանարդ
....
el cubo

վարդագույն

blanco

մոխրագույն

amarillo

դեղին

naranja

մանուշակագույն

rosa

կարմիր

rojo

շագանակագույն

violeta

կապույտ

azul

սև

verde

նարնջագույն

marrón

սպիտակ

gris

կանաչ

negro

շատ / քիչ

mucho / poco

բարկացած / հանգիստ

enojado / tranquilo

գեղեցիկ / տգեղ

lindo / feo

սկսած / վերջը

el principio / el fin

մեծ / փոքր

grande / chico

պայծառ / մութ

claro / oscuro

եղբայրը / քույրը

el hermano / la hermana

մաքուր / կեղտոտ

limpio / sucio

ամբողջական / թերի

completo / incompleto

օր / գիշեր

el día / la noche

մեռած / կենդանի

muerto / vivo

լայն / նեղ

ancho / angosto

ուտելի / անուտելի

comestible / no comestible

չար / բարի

malo / amable

հուզված / ձանձրացրել

entusiasmado / aburrido

հաստ / բարակ

gordo / flaco

առաջին / վերջին

primero / último

ընկերը / թշնամին

el amigo / el enemigo

լիքը / դատարկ

lleno / vacío

կոշտ / փափուկ

duro / blando

ծանր / թեթև

pesado / liviano

քաղց / ծարավ

el hambre / la sed

հիվանդ / առողջ

enfermo / sano

անօրինական է / իրավաբանական

ilegal / legal

խելացի / հիմարություն

inteligente / estúpido

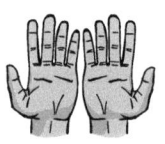

ձախ / աջ

izquierda / derecha

մոտիկ / հեռու

cerca / lejos

Նոր / oգտագործվւմ

nuevo / usado

ոչինչ / ինչ - որ բան

nada / algo

ծեր / երիտասարդ

viejo / joven

միացում անջատում

encendido / apagado

բաց / փակ

abierto / cerrado

ցածր / բարձր

silencioso / ruidoso

հարուստ / աղքատ

rico / pobre

ճիշտ / սխալ

correcto / incorrecto

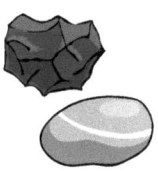

անհարթ / հարթ

áspero / suave

տխուր / ուրախ

triste / contento

կարճ / երկար

corto / largo

դանդաղ / արագ

lento / rápido

թաց / չոր

mojado / seco

տաք / թույն

caliente / frío

 պատերազմ /
խաղաղություն
guerra / paz

0

զրո

cero

1

մեկ

uno

2

երկու

dos

3

երեք

tres

4

չորս

cuatro

5

հինգ

cinco

6

վեց

seis

7

յոթ

siete

8

ութ

ocho

9

ինը

nueve

10

տաս

diez

11

տասնմեկ

once

12	**13**	**14**
տասներկու	տասներեք	տասնչորս
doce	trece	catorce

15	**16**	**17**
տասնհինգ	տասնվեց	տասնյոթ
quince	dieciséis	diecisiete

18	**19**	**20**
տասնութ	տասնիննը	քսան
dieciocho	diecinueve	veinte

100	**1.000**	**1.000.000**
հարյուր	հազար	միլիոն
cien	mil	el millón

անգլերեն

el inglés

ամերիկյան անգլերեն

el inglés americano

չինարեն մանդարին

el chino mandarín

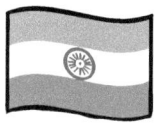

հինդի

el hindi

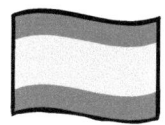

իսպաներեն

el español

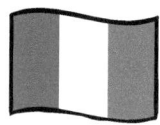

ֆրանսերեն

el francés

արաբերեն

el árabe

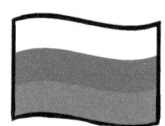

ռուսերեն

el ruso

պորտուգալերեն

el portugués

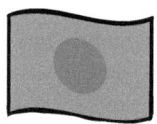

բենգալերեն

el bengalí

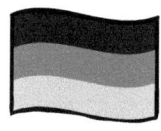

գերմաներեն

el alemán

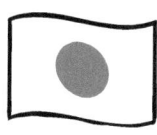

ճապոներեն

el japonés

ես

yo

դուք

vos

Նա / Նա /, որ դա

él / ella

մենք

nosotros

դուք

ustedes

նրանք

ellos

Ով է?

¿quién?

ինչ?

¿qué?

ինչպես?

¿cómo?

որտեղ.

¿dónde?

երբ?

¿cuándo?

անուն

el nombre

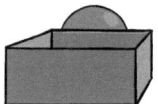

ետևում

detrás

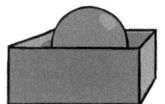

մեջ

en

դիմաց

adelante de

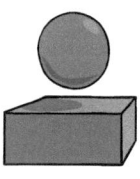

վրա

por encima de

վրա

sobre

տակ

debajo de

կողքին

al lado de

միջև

entre

տեղ

el lugar